엄청나게 신기하고 볼수록 빠져드는
우주 탐험

로라 코완 글

얼리사 곤잘레즈 그림

에밀리 바든, 스티븐 몽크리프 디자인

신인수 옮김

닉 하우즈 천문학자,
영국 우주국 감수

인터넷에서 자료 찾기

어스본 바로가기(usborne.com/quicklinks)에 방문해서
검색창에 'Lots of things to know about SPACE'를 입력해 보세요.
비디오를 보거나 퀴즈를 풀 수 있고
이 책에 나온 우주에 관한 더 많은 정보를 접할 수 있어요.

'어스본 바로가기'에서는 인터넷 안전 지침을 지켜 주세요.
어린이가 인터넷을 사용하는 동안 보호자가 옆에서 지도해 주세요.

로켓을 타고 달까지 날아가는 데
약 3일이 걸린다는 사실을
알고 있었나요?

우아! 그런데 달을
왜 위성이라고도 불러요?
위성은 뭐예요?

이 책을 펼쳐서 우주에 관해 살펴볼까?
62쪽 <낱말 풀이>에서 단어 뜻을 찾아봐.
63-64쪽 <찾아보기>에서는
궁금한 주제가 어디에 실려 있는지
확인할 수 있어.

태양이 별이라고요?

맞아요. 태양은 밤하늘에서 보는 별처럼 밝게 빛나는 **별**이에요.

태양은 다른 별처럼 거대하고 둥글고 뜨거워요.

왜 태양은 밝은 빛을 낼까요?

태양의 표면은 6000°C야. 엄청나게 뜨거운 **가스**가 빛으로 바뀌어서 밝은 빛을 내. 크기도 어마어마하게 커서 태양 속에 지구를 백만 개 넘게 넣을 수 있을 정도야!

태양의 나이는 **40억** 살이 넘어요. 엄청 많은 나이 같지만 별의 나이로 치면 그렇지 않아요. 태양은 앞으로 40억 년은 더 빛날 거예요.

외계인이 보낸 엽서

외계인이 우리에게 엽서를 보낸다면 주소를 이렇게 써서 보낼 거예요.

받는 사람 : 지구인

우주,
우리은하,
태양계 행성 중 지구,
대한민국,
서울, 어스본 코리아

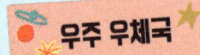 우주 우체국

  로켓 우편

보내는 사람 : 외계인

우리는 우주에서 암석과 금속으로 이루어진 **지구**에 살아요. 거대한 공 같이 생겼지요.

지구는 태양 주위를 도는 여덟 개의 **행성** 중 하나예요. 이들을 모두 통틀어서 **태양계**라고 불러요.

목성
수성
금성
지구
화성
토성
천왕성
해왕성

행성 주위를 도는 천체를 **위성**이라고 해요. 지구의 위성에는 달이 있어요. 다른 행성들도 위성들을 가지고 있지요.

태양은 **우리은하**에 있는
수백만 개의 별 중 하나예요.
우리은하에서 별들과 함께
회전하고 있어요.

별이 수없이 모인 무리를
은하라고 해요. 우주에는
은하가 셀 수 없이 많아요.

우리은하와 다른 은하 등
천체가 모여 **우주**를 이루어요.

지구인들에게,

지난번 지구 여행은 굉장히 즐거웠어요.
초대해 주셔서 감사합니다.
우리가 사는 은하에 오시게 되면
저희 행성에 꼭 들러 주세요.

외계인 친구가

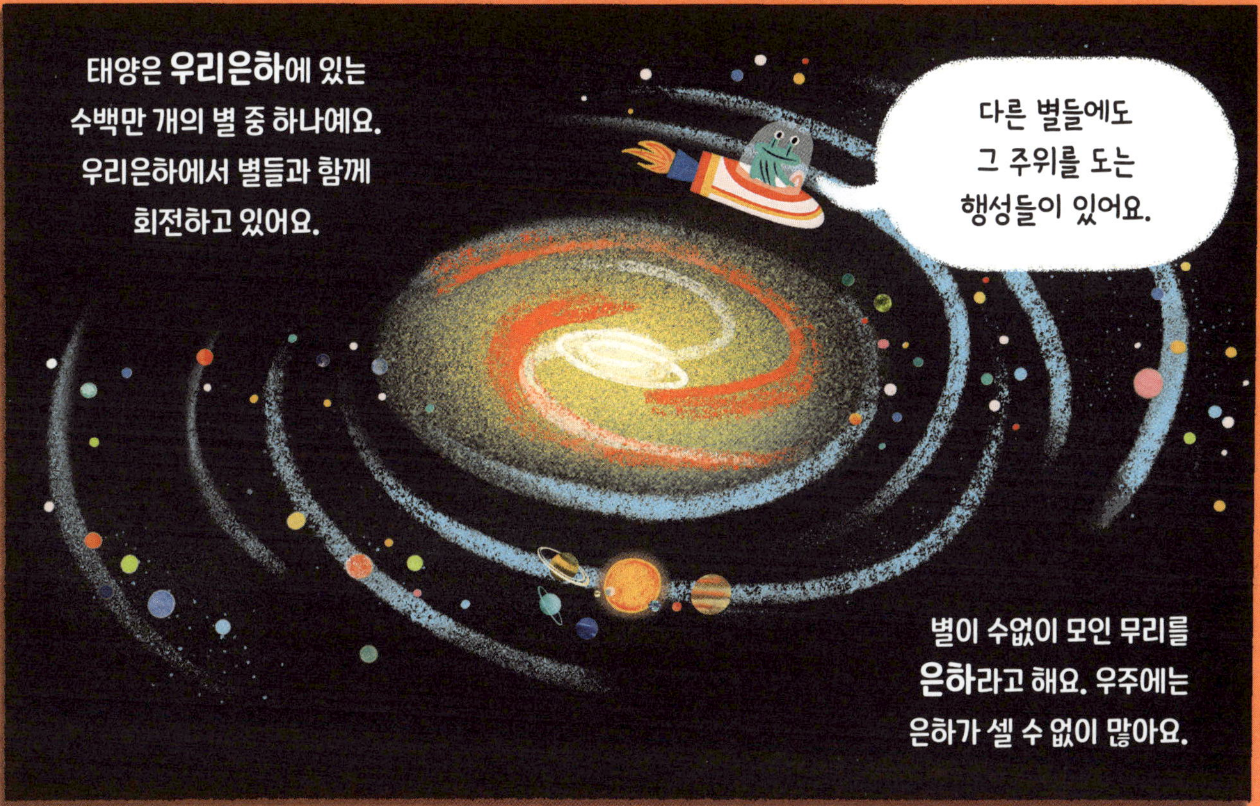

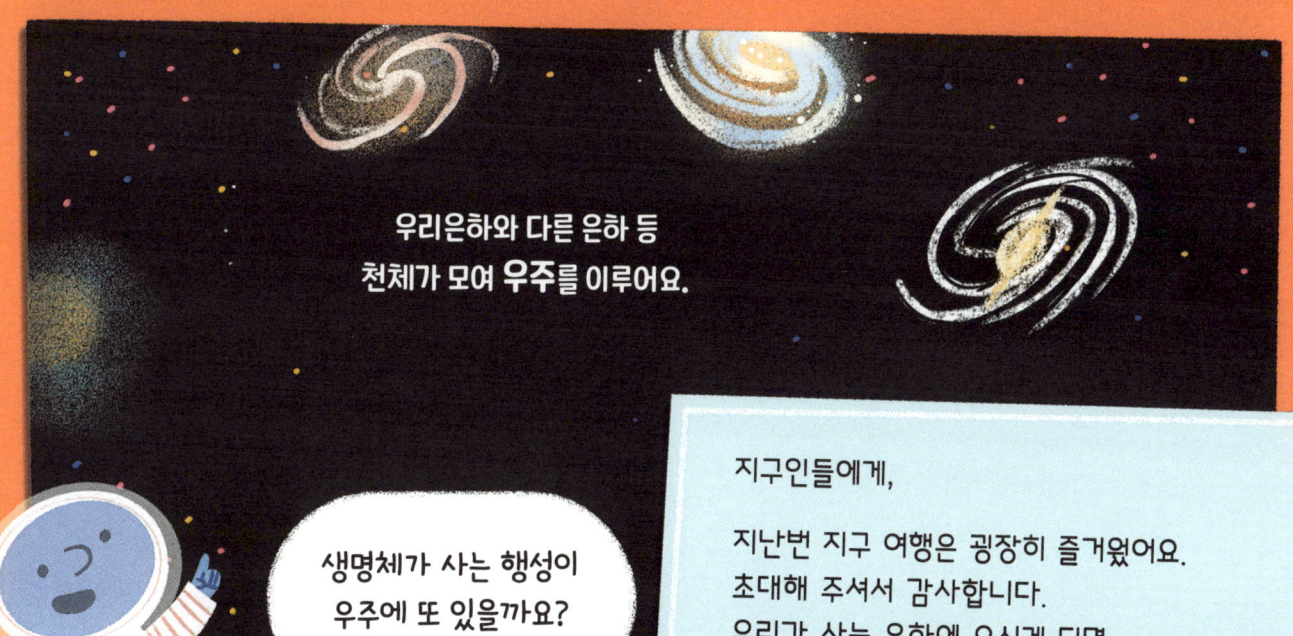

별은 몇 개일까요?

우주에 있는 별을 하나하나 세는 건 불가능해요.
하지만 별을 연구하는 과학자인 **천문학자**들은 별을 세는 좋은 방법을 떠올렸어요.
바로 다음과 같은 방법이에요.

먼저, 우리은하에서
반짝이는 **빛**을 하나하나 세서
빛이 **1000억** 개라는 걸
알아냈어요.

그다음, 우주에 **은하**가
얼마나 있는지를 살펴봤어요.
하늘 일부분이 상세히 나오도록 찍은 사진에서
은하를 찾아 그 개수를 셌지요.

은하 개수와 전체 하늘을 찍은
사진 수를 곱했어요.
그랬더니 은하가 **2000억** 개라는
계산이 나왔어요!

만약, 은하 하나마다 별이 1000억 개씩 있다면,
우주에는 별이
약 200,000,000,000,000,000,000,000개가
있는 거예요.

별은 무슨 색일까요?

별에서 나오는 빛의 색깔은 저마다 달라요.
가장 밝고 뜨거운 별의 색깔은 **파란색**이에요.
천문학자들은 별빛 색깔을 알파벳으로
분류해 나타냈어요.

O B A F G K M

태양은
G형 별이에요.

지구에서 태양 다음으로
가까운 별인 프록시마 켄타우리는
M형 별이에요.

O형 별은 굉장히 드물어요.
우리은하를 통틀어서
2만 개밖에 없어요.

별이 굉장히
많아요!

맑은 날 밤, 도시 불빛이
없는 곳에서 하늘을 올려다보면
망원경 없이도 별을 **2,500개**쯤
셀 수 있을 거야!

7

우주를 방문한 동물들

1972년에 페, 피, 포, 품, 푸이가 미국 우주 비행사인 **로널드 에번스**와 함께 달 궤도를 75번 돌았어요.

궤도는 뭔가의 주위를 일정하게 도는 길을 뜻해요.

찍찍찍!

페, 피, 포, 품, 푸이는 사람이 아니라, **작은 주머니생쥐**였어요.

이 생쥐들은 달에 마지막으로 방문한 동물이에요. 하지만 우주에 간 동물들은 많답니다.

지구에는 물이 아주 많아요. 지구에 내리는 비는 물로 이루어져 있지요.
하지만 다른 행성에는 물이 많지 않거나 전혀 없지만 비가 내려요. 어떻게 된 일일까요?

해왕성에서는 **다이아몬드**가 비처럼 내려요.

금성에는 가지 마세요. **산성비**가 내릴지도 몰라요.

토성의 위성인 **타이탄**에는 액체로 된 **메탄**이 비로 내려요.

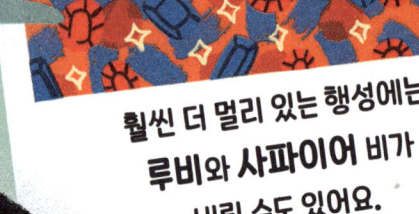

훨씬 더 멀리 있는 행성에는 **루비**와 **사파이어** 비가 내릴 수도 있어요.

우주 눈사람

지구에서 저 멀리 있는 얼음 행성인 천왕성과 해왕성을 지나면…

…아로코스라는 눈사람 모양을 한 행성이 있어요.

아로코스는 머리부터 발끝까지 33km나 돼요. 눈사람이라고 하기에는 꽤 큰 행성이지요.

과학자들은 아로코스를 **카이퍼 띠**에서 발견했어요. 카이퍼 띠는 태양계 끝에 얼음 바위들이 띠처럼 모여 있는 곳이에요.

아로코스는 진짜 눈사람이에요?

음, 눈도 없고, 당근으로 만든 코도 없어. 하지만 진짜 눈사람처럼 얼음덩어리 두 개가 합쳐져서 만들어졌어!

꼬리 달린 얼음덩어리

긴 꼬리가 달린 지저분한 얼음덩어리가 태양계를 빠르게 지나쳐 가요. 태양 주위를 도는 이 거대한 얼음덩어리는 얼음과 먼지, 얼어붙은 가스로 이루어졌지요. 이것을 혜성이라고 해요.

혜성이 태양 근처를 지나면 혜성의 얼음이 녹으면서 먼지와 가스가 떨어져 나가요.

이 먼지와 가스는 거대한 구름처럼 혜성을 뒤따라가지요.

그러다 태양에 더 바짝 다가가면 먼지와 가스가 태양 에너지에 밀려나 혜성 뒤로 꼬리처럼 늘어진답니다.

혜성의 꼬리는 엄청나게 길어요. 지구와 태양 사이의 거리와 맞먹을 정도예요.

비처럼 내리는 별똥별

때로는 혜성 꼬리에 있는 먼지가 지구를 둘러싼 가스와 부딪쳐서 별똥별이 떨어지기도 해요.

가끔 하늘에서 별똥별이 비처럼 내리는 걸 볼 수 있는데, 이것을 **유성우**라고 해요.

멋지다!

새로운 행성 발견!

태양계에는 여덟 개의 행성과 여러 천체가 있어요.
하지만 사람들은 오랫동안 그 사실을 몰랐지요.

과학 기술이 발달하면서 천문학자들은 행성을 몇 개 더 찾을 수 있었어요.

1781년, **윌리엄 허셜**은 혜성을 찾고 있었어요. 허셜은 **천왕성**을 혜성이라고 생각했지만, 천왕성이 태양 주위를 도는 것을 발견하고 행성이라는 것을 깨달았어요.

하지만 천왕성의 궤도는 뭔가 좀 이상했어요. 때로는 속도가 빠르고, 때로는 느렸거든요.

1842년, 수학자 **메리 서머빌**은 다른 행성의 중력이 천왕성의 속도를 높이거나 낮추는지도 모른다고 생각했어요.

서머빌의 생각이 옳았어요! 그 행성은 바로 **해왕성**이었어요.

1846년에 **요한 갈레, 위르뱅 르베리에, 존 쿠치 애덤스**도 각자 해왕성을 발견했어요. 사실, 많은 천문학자가 이전에도 해왕성을 발견했지만, 속도가 너무 느려서 행성이 아닐 거라고 생각했어요.

해왕성 말고도 새로운 발견은 계속 이어졌어요.

행성계 퇴출!

1930년, 천문학자 **클라이드 톰보**는
해왕성 너머 태양 주위를 도는 **명왕성**을 발견했어요.
명왕성은 70년 동안 태양계의 아홉 번째 행성으로 여겨졌지요.

> 나는 명왕성이에요. 동그랗고 커요.
> 나는 행성일까요?

1980년대에 과학자들은 명왕성 주위에서
다른 암석들을 많이 발견했어요.
바로 **카이퍼 띠**에서 명왕성과 매우 비슷한 **천체**들을
많이 발견했지요. 천체는 우주에 존재하는
행성, 혜성, 성운 등을 통틀어 부르는 말이에요.

> 안녕!

2006년, 세계 우주 전문가들은
카이퍼 띠에 있는 천체들을
모두 행성으로 여길 것인지를 결정하려고
한자리에 모였어요.

> 좋은 하루 보내!

> 반가워!

태양계에 있는 여덟 개의 행성들은
모두 자신이 지나가는 궤도를 깨끗이 치워요.
행성이 지나가는 곳에 다른 천체가 있으면,
꽝 부딪쳐서 산산조각을 내거나
자신의 위성으로 붙잡아 두지요.

하지만 카이퍼 띠에 있는 작은 천체들은
그러지 못했어요. 전문가들은 명왕성을 포함해서
이런 천체들을 행성이 아니라고 결론 지었어요.
대신, 행성과 비슷하지만 작다는 뜻으로
왜소행성이라고 부르기로 했어요.

우주로 가는 가장 쉬운 방법

먼 미래에 우주로 가는 가장 값이 싸고 쉬운 방법은 **우주 엘리베이터**를 타고 가는 것일지도 몰라요.

준비하는 데 한참 걸릴 테지만 현재 중국과 일본의 과학자들이 아이디어를 짜내고 있어요. 과연 어떻게 될까요?

지구에서 엘리베이터를 타고 거대한 국제 우주 정거장까지 쭉 올라가요. 여기서부터는 우주선을 타고 태양계 곳곳으로 가지요!

위이잉!

나는 화성으로 가는 우주선을 타러 가요.

7시 25분 출발 유로파(목성의 위성)행 우주선에 탑승하신 것을 환영합니다.

우주에서 소리를 지르면?

우주에는 **공기**가 없어요. 공기가 없으면 소리가 이동할 수 없지요.
그래서 우주에서는 소리를 꽥꽥 질러도 아무도 듣지 못해요.

별이 폭발할 때도
소리 없이 **고요해요.**

지구에서는
로켓의 거대한 엔진에서
엄청나게 큰 소리가 들리지만,
우주에서는
전혀 소리 나지 않아요.

유성이 지구에 쾅 부딪혀도
공기가 없다면
아무 소리도 나지 않아요.

우주에서 보내는 일상

여러분이 지구에서 이 책을 읽고 있는 지금, 국제 우주 정거장에는 일곱 명의 우주 비행사가 머물고 있어요. 우주에서는 지구와 완전히 다른 하루를 보내요.

우리가 지구에서 폴짝 뛰어오르면, **중력**이 우리를 땅으로 다시 끌어당겨요. 하지만 지구를 떠난 우주 비행사는 좀 달라요.

우주 비행사는 안전벨트를 풀자마자 공중에 둥둥 떠요.

우주에는 중력이 거의 없어요. 모든 것이 같은 속도로 떨어지는 **무중력** 상태이지요.

으으윽, 속이 울렁거려!

국제 우주 정거장에서는 앉거나 걸어 다닐 수 없어요.

손으로 뭔가를 잡고 몸을 끌어당기거나 밀면서 움직여요.

드르렁 드르렁 드르렁

잠잘 때는 벽에 끈으로 고정된 특수 침낭에 들어가요.

음식은 진공 주머니나 통조림으로
포장되어 있어요.

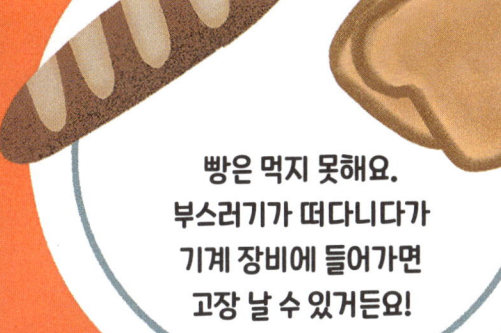

빵은 먹지 못해요.
부스러기가 떠다니다가
기계 장비에 들어가면
고장 날 수 있거든요!

국제 우주 정거장에는 샤워 공간이 없어요.
우주 비행사들은 물로 헹굴 필요가 없는
비누를 바르고 수건으로 닦아내요.

머리카락이 사방으로 뻗쳐요!

우주 비행사들은
날마다 운동해야 해요.

우주에서는 중력이 달라서
근육이 몸을 지탱할
필요가 없어요.
그래서 운동하지 않으면
근육이 굉장히 약해져요.

우주에서 화장실을 사용하는 방법

모든 것이 무중력 상태라면 우주 비행사들은 국제 우주 정거장에서 화장실을 어떻게 사용할까요? 아주 중요한 문제예요.

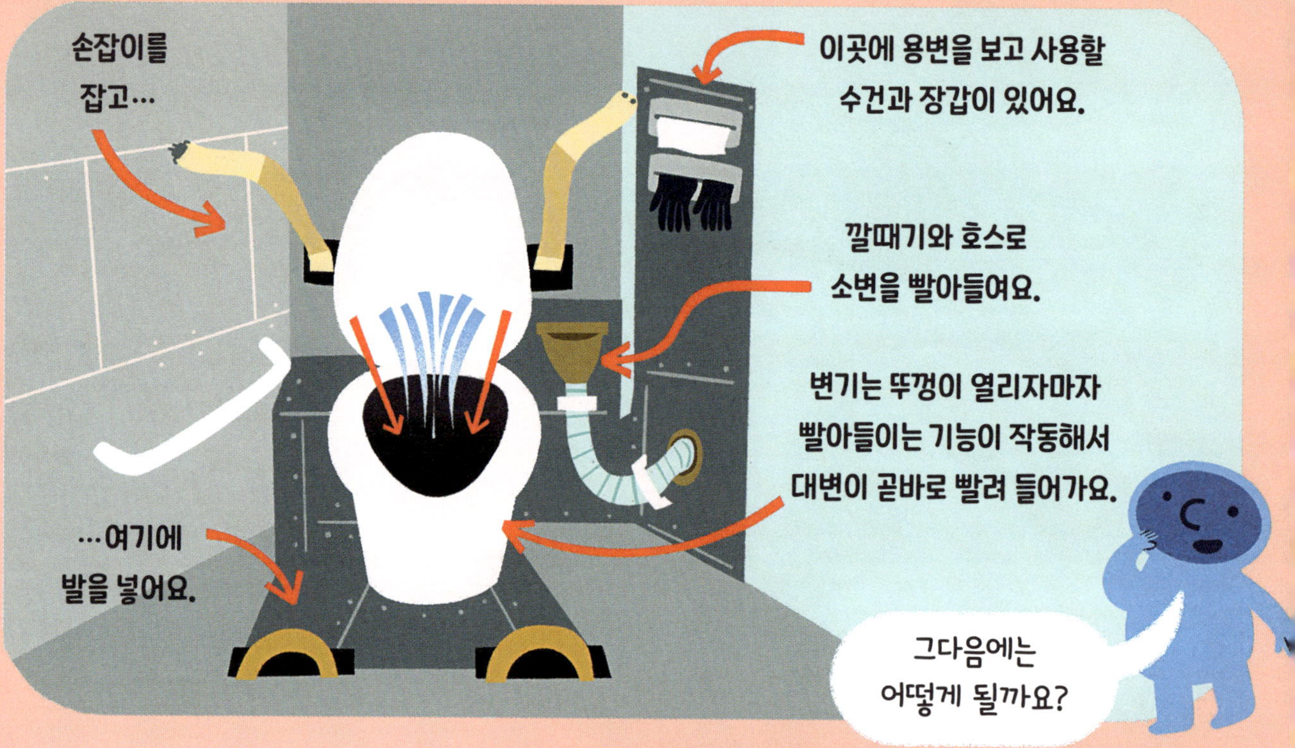

손잡이를 잡고…

…여기에 발을 넣어요.

이곳에 용변을 보고 사용할 수건과 장갑이 있어요.

깔때기와 호스로 소변을 빨아들여요.

변기는 뚜껑이 열리자마자 빨아들이는 기능이 작동해서 대변이 곧바로 빨려 들어가요.

그다음에는 어떻게 될까요?

소변은 우주 비행사가 마실 수 있는 물로 깨끗이 정화돼요.

대변은 모두 화물선에 실어 우주로 내보내면…

피유우웅

…지구 대기권에서 불타 버려요.

저 멀리서 찾아온 천체

2017년, 하와이의 한 천문학자가 길고, 좁다랗고, 붉은 천체가 태양 옆을 빠르게 움직이는 것을 발견했어요.

혜성으로 보기에는 너무 밝고, 태양 궤도로 끌려가는 속도가 너무 빨랐어요.

천문학자들은 **최초로** 태양계 바깥에서 온 천체라는 걸 깨달았지요.

천문학자들은 이 천체를 **오무아무아**라고 이름을 붙였어요. 하와이어로 '**저 멀리에서 최초로 도착한 메신저**'라는 뜻이에요.

몇몇 과학자들은 **외계인**이 오무아무아를 만들었을지도 모른다고 생각해!

진짜요?

23

목성행 우주선은 타지 마세요!

목성은 엄청나게 **거대해요**. 태양계의 나머지 행성들을
모두 합친 크기보다도 두 배나 더 크지요.
주로 가스로 이루어져서, **토성**과 함께 **거대 가스 행성**에 속해요.

우주선은 목성에 착륙할 수 없어요.
단단한 표면이 없거든요.
만약 착륙한다면,
가라앉고 말거예요.

목성의 겉은 **가스**로 이루어져 있지만,
안쪽은 아주아주 뜨거운 **금속**과
암석으로 이루어져 있어요.

우주선이 목성 한가운데에
내려앉는다면,
찌그러지고 녹아내릴 거예요.

속에 슬러시가 가득한 행성들

태양에서 멀리멀리 떨어진 곳, 태양계 끄트머리에는 **천왕성**과 **해왕성**이 있어요.
이 행성들에는 주로 무거운 기체들이 얼음 혼합물을 이루고 있어서
거대 얼음 행성이라고 불러요.

이 행성들은 극도로 춥고
물과 암모니아가 섞인 얼음 혼합물이
우박처럼 떨어져요.

으악!
지독한 암모니아 때문에
우박에서 고약한
냄새가 나!

우박은 다 어디로
갔을까요?

거대 얼음 행성에는 딱딱한 땅이 없어요.
그래서 우박은 행성 속으로 가라앉아요.
해왕성과 천왕성은 속이 질척한
슬러시 같은 상태일 거예요!

아기 별은 아기 행성을 만들고…

아기 별은 **먼지**와 **가스**가 구름처럼 모인 곳에서 태어나요. 이런 곳을 **별들의 요람**이라고 불러요.

아기 별이 빙빙 돌아요.

아기 별은 빙빙 돌면서 가스와 먼지, 암석을 안으로 끌어당겨요.

가스가 아기 별을 더욱 크게 만드는 동안 아기 별 주위로 먼지와 암석이 빙빙 돌아요.

수백만 년이 넘는 시간 동안, 먼지와 암석은 서로 부딪치다가 들러붙어서 작은 덩어리가 돼요.

작은 덩어리는 **아기 행성**이 돼요. 먼지와 암석이 더 많이 들러붙어서…

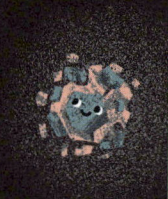

…점점 더 커지고…

…더 커져요.

수백만, 수십억 년이 지나면 아기 행성은 **크고 둥근 행성**으로 자라나 별 주위를 돌 거예요.

…아기 행성을 집어삼키기도 해요

때때로 아기 별은 끌어당기는 힘이 너무 세서 **아기 행성이 끌려가기도 해요.**

아기 별은 아기 행성을 점점 더 가까이 끌어당기다가…

…아기 행성을 꿀꺽 **집어삼키지요.**

누가 최초였을까요?

사람은 1960년대부터 우주를 탐험하고 있어요.
누가 최초로 무엇을 했을까요?

1961년
우주에 최초로 간 사람은 러시아의 유리 가가린이에요.

1963년
우주에 최초로 간 여성은 러시아의 발렌티나 테레시코바예요. 당시 26세였는데 지금도 우주에 간 최연소 여성으로 남아 있어요.

1965년
최초로 우주 유영을 한 사람은 러시아의 알렉세이 레오노프예요. 우주선 바깥에서 12분 동안 머물렀어요.

1968년
최초로 달의 뒷면을 본 사람들은 아폴로8호 우주 비행사들이에요. 나사(미국 항공 우주국)는 사람을 달로 보내는 아폴로 계획을 세웠는데, 그 계획의 하나로 아폴로8호가 달에 갔어요.

2001년
최초의 **우주 관광객**은 억만장자 데니스 티토예요. 국제 우주 정거장에 가기 위해 나사에 2,000만 달러를 냈어요.

2007년
최초로 우주에서 **마라톤**을 뛴 사람은 미국 우주 비행사 수니타 윌리엄스예요. 미국에서 보스턴 마라톤 대회가 열릴 때 우주 정거장에 있는 러닝 머신에서 함께 뛰었어요.

1969년
최초로 달에 발을 디딘 사람은 닐 암스트롱과 바로 뒤이어 달에 내린 버즈 올드린이에요. 달에 내린 여성은 아직 없어요!

2015년
우주에서 최초로 **ISS프레소*** 라는 커피 머신으로 에스프레소를 내려 마신 사람은 이탈리아의 우주 비행사 사만다 크리스토포레티예요.

*ISS프레소: 국제 우주 정거장(International Space Station)을 뜻하는 ISS와 에스프레소를 합친 이름으로, 중력이 거의 없는 상태에서도 작동하도록 만들어진 커피 머신.

사람들이 지구뿐 아니라 우주까지도 더럽히고 있어요.
지구 주위로 온갖 우주 쓰레기가 돌고 있어요!

우주에는 고장 난 인공위성이나
버려진 로켓 조각 같은
커다란 쓰레기가 떠 있어요.

페인트 조각처럼
작은 쓰레기도
있어요.

쓰레기는 지구 궤도에
계속 머물러요.
결코 분해되지 않지요.

지구 궤도에는 이미 수만 개의 큰 쓰레기와
수억 개가 넘는 작은 쓰레기가 있어요.

우주 쓰레기를 피하라!

국제 우주 정거장(ISS)은 우주에 있는 과학 실험실이에요.
2000년부터 전 세계에서 온 우주 비행사들이 국제 우주 정거장에 머무르며 연구하고 있어요.

국제 우주 정거장은 **굉장히 빨리** 날고 있기 때문에 우주 쓰레기는 위험이 될 수 있어요.

2016년, 작디작은 페인트 조각 하나가 국제 우주 정거장에 쾅 부딪혀서 창문에 금이 갔어요.

우주 비행사들은 국제 우주 정거장이 우주 쓰레기를 비켜 갈 수 있도록 잘 살펴봐야 해요.

지구의 과학자들은 작살이나 자석을 사용하는 등 우주 쓰레기를 끌어모을 방법을 연구하고 있어요. 하지만 쓰레기는 워낙 많고 국제 우주 정거장은 굉장히 빨리 움직여서 우주 쓰레기를 모으기가 어려워요.

커다란 조각이 이쪽으로 오고 있어요!

각자 쓰레기를 잘 치워야 해요!

얼마나 많은 사람들이 인류가 달에 가기까지 도왔을까요?

1969년 7월, 미국 항공 우주국인 **나사**는 아폴로 계획을 세워 세계 최초로 두 사람을 달에 착륙시켰어요. 이 계획을 위해 수천 명이 함께 일했지요.

수학자들은 달까지 갔다가 다시 돌아오는 여정을 계산했어요.

1960년대에는 컴퓨터가 많지 않았어요. 모든 것을 종이에 써 가며 머리로 계산했기 때문에 나사의 수학자들은 '인간 컴퓨터'라고 불렸어요!

여러 **과학 기술자**가 우주복과 우주 배낭 같은 장비를 만들고, 우주 비행사가 연구할 과학 실험을 준비했어요.

공학자들은 우주선을 설계했어요.

드디어 **우주 비행사 두 명**이
달에 착륙했어요.

그동안 다른 우주 비행사 **한 명**은
우주선에 남아 달의 궤도를 돌며
동료를 다시 태울 준비를 했어요.

지구의 우주 비행 관제 센터 본부에서
관제사 20명이 우주 비행사들을
돕고 있었어요.

관제사마다 팀원이 있어서
팀원들은 다른 방에서
관제사를 도왔어요.

아폴로 계획을 위해서
약 **40만 명**이 함께 일했어요.

100만 명의 사람들이
아폴로11호가 발사하는 광경을
보기 위해 미국 플로리다에 있는
케이프 케네디 발사기지에
모였고…

…거의 **6억 명**에 달하는 사람들이
세계 곳곳에서 텔레비전으로
지켜봤어요.

우주를 보호하라!

지구에는 눈에 보이지 않을 만큼 작디작은 생명체, **미생물**이 살아요. 유익한 미생물도 있지만, 해로운 미생물도 있어요. 지구의 미생물이라면 꼭 지구에만 머물러야 해요.

과학자들은 태양계의 행성과 위성에 우주선을 보내기 위해 여러 가지 계획을 세웠어요.

우주에 살고 있을지도 모르는 생명체의 흔적을 찾기 위해서였지요.

과학자들이 외계 토끼 같은 **커다란** 생명체의 흔적을 기대하는 건 아니에요. 아주 **작은** 생명체, 바로 미생물의 흔적을 찾고 있어요.

어떤 행성이나 위성에 미생물이 살고 있을 경우를 대비해, 인간이 지구의 미생물을 가져가지 않아야 해요.

모두 없애!

최악의 경우, 지구의 미생물이 외계 미생물을 모조리 죽여서 외계 미생물이 우주에서 살아남지 못하게 할 수도 있어요.

우주 시상식

우주 시상식에 오신 것을 환영합니다!
우주에서 가장 크과 극을 이루는 것을 기념하는 자리예요!

크기

태양계에서 가장 작은 행성은 수성입니다, 축하합니다!

가장 큰 행성으로는 목성이 뽑혔습니다!

태양계 바깥에서 행성을 점점 더 많이 발견할수록 가장 작은 행성과 가장 큰 행성의 수상자는 계속 나올 것으로 기대됩니다.

열

태양계에서 가장 뜨거운 행성의 주인공은 바로 금성입니다!

가장 먼저 태양에게 이 영광을 돌리고 싶어요.

태양에서 가장 가까운 행성은 수성이지만, 금성은 가스와 산성 증기 담요처럼 두껍게 에워싸서 안에 열을 가두고 있어요. 그래서 아주 뜨겁지요.

가장 차가운 행성은 천왕성입니다!

해왕성보다 태양에 더 가깝지만, 태양계에 있는 그 어떤 행성보다도 가장 낮은 온도를 기록했습니다. 축하합니다, 천왕성!

우주에서 가장 뜨거운 것은 감마선 폭발입니다!
별들이 폭발하거나 충돌했을 때 일어나는 현상으로, 엄청나게 뜨겁지요.

태양계를 뒤로하고,
우주에서 가장 차가운 것은 부메랑 성운입니다!
죽어 가는 별에서 만들어진 먼지와 가스가 구름처럼 한데 모여 있지요.

빛의 속도는 우주에서 낼 수 있는 최고의 속도예요. 그 무엇도 빛보다 더 빠를 수 없어요.

우주에서 가장 빠른 것에게 주는 특별상은… 빛에게 돌아갔습니다.

속도

두구두구두구~
북소리 좀 내 주세요!

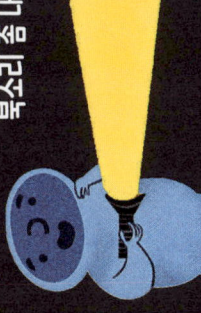

구불거리는 무지개

태양 빛은 흰색으로 보이지만, 사실은 다양한 색깔로 이루어져 있어요.

태양 빛은 다양한 길이로 물결치는 파동으로 이동해요.

가장 짧고 구불거리는 파장은 보라색이에요.

남색

파란색

초록색

노란색

주황색

빨간색은 가장 느슨하고 길게 나타나요.

파장이 짧을수록 힘이 강해서 태양열을 더 많이 옮겨요.

태양이 빗방울을 통과하면 파장에 따라 흩어져 우리 눈에 무지개로 보여요.

화성의 노을은 무슨 색일까요?

붉은 행성, 화성에 오신 것을 환영합니다.
화성의 바위와 먼지는 붉은 색이에요. 붉은 먼지 때문에 하늘도 붉게 보이지요.

낮에는 태양 빛의 빨간색, 노란색, 주황색 부분이 온 하늘을 비추고, 붉은 먼지가 흩어져 하늘이 **붉은 색**으로 보여요.

지구에서처럼 태양이 뜨고 질 때 하늘 색깔이 바뀌어요.

해 질 녘에는 햇빛이 덜 비쳐요. 태양 빛 중에서 더 파란 부분만 비쳐 들어요.

그래서 하늘이 붉은색에서 **파란색**으로 변해요.

우아! 붉은 노을이 지는 지구와는 반대네요!

우주 고속도로

태양계에 있는 이동 연결망을 **우주 슈퍼 하이웨이**라고 불러요.
기차나 버스를 위한 길은 아니지요.
이런 이동망은 모두 **중력**과 관련 있어요.

지구에서는 중력 때문에
둥둥 떠다니지 않아요.
중력이 지구 중심으로 우리를
끌어당기기 때문이에요.

우주에서 행성이나 별을 지나갈 때
중력에 끌리지 않고
지나가는 것은 어려워요.
별이나 행성이 크면 클수록
끌어당기는 중력은 더 세지요.

우주선이 별이나
행성의 중력을 피하려면
많은 힘을 써야 해요.

40

행성 사냥꾼

천문학자들은 망원경으로 새로운 '별'을 발견해요.
하지만 새로운 '행성'을 찾는 건 쉽지 않지요.

행성은 스스로 빛을 내지 못하고,
별이 비추는 빛을 **반사**할 뿐이에요. 별이 너무 밝아서
행성이 환한 빛 속에 묻혀 안 보이기도 해요.

그래서 천문학자들이
아무리 성능 좋은 망원경을 가지고 있어도
먼 곳에 있는 행성을 발견하기는
굉장히 어려워요.

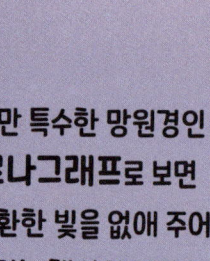

"새로운 별을 찾을 수 있을까요?"

하지만 특수한 망원경인
코로나그래프로 보면
별의 환한 빛을 없애 주어
숨어 있는 행성이 보여요.

망원경으로 볼 때

"반가워!"

코로나그래프로 볼 때

태양계 너머에 있는 행성들은 **외계 행성**이라고 해요.
천문학자들은 몇 가지 단서로 새로운 행성을 찾아내요.

1. 어두움
행성이 별과 별을 보는 사람 사이로
끼어 들어올 때,
별빛이 살짝 어둡게 보여요.

2. 흔들림
별이 흔들리거나 깜빡거린다면,
가까이 있는 **행성**의 중력에
영향을 받아서일 거예요.

3. 궤도를 벗어난 별
별들도 궤도를 돌아요. 때로는
별들이 서로의 궤도를 돌기도 해요.
만약 과학자가 자신의 궤도를 벗어난
별을 발견했다면, 여러 **행성**이
별을 궤도에서 벗어나도록 끌어당겨
별과 함께 돌고 있기 때문이에요.

활기가 넘치는 바다 행성

지구는 태양계에서 유일하게 표면에 물이 있는 행성이에요. 물로 가득한 행성을 **바다 행성**이라고 해요. 바다 행성은 특히 흥미로운 행성이에요.

지구의 바다는 온갖 생명체가 가득해요.

우리는 물에 의존해서 살아가요. 우리 몸이 물로 가득 차 있는데도 말이에요!

바다는 지구의 모든 생명이 탄생한 곳이기도 해요!

과학자들은 **우리은하**에 바다 행성이 더 많이 있을 수 있다고 생각해요.

그중 새로운 생명체의 보금자리가 되어 주는 행성이 있을지도 몰라요.

위성이 흔들거리는 이유

토성에는 위성이 80개가 넘어요.
크기가 조그마한 작은 위성들도 있지요.

토성의 위성 중 하나인
엔셀라두스에는
비밀이 하나 있어요.

천문학자들은
엔셀라두스가
토성 주위를 돌 때
살짝 흔들린다는 걸
발견했어요.

으아악!
이런, 안 돼!

엔델라두스의
얼어붙은 표면 아래 깊은 곳에
숨겨진 바다가 출렁거려서
흔들리는지도 모른다고 생각했지요.

태양계에서 엔셀라두스만
비밀 바다를 가진 건 아니에요.
토성과 목성의 많은 위성에
얼음으로 뒤덮인 바다가 숨어 있어요.

생명체가
여기쯤 있으려나?

45

우주 탐험가 로봇

사람은 아직 화성에 가지 못했어요.
대신 똑똑한 탐사 로봇 **로버**들을 화성에 보냈지요.
로버 덕분에 언젠가 사람이 화성에 도착하면 무슨 일을 해야 할지 알 수 있을 거예요.

로버는 화성에서 각기 다른 부분을 조사해요.
날씨부터 암석까지 모든 것을 탐사해서
알아낸 정보를 지구로 보내지요.

화성은 생명체가 살기 힘든 행성이에요.
로버는 얼음과 뜨거운 태양 빛,
먼지 폭풍 속에서 탐사해야 하지요.

다리에 삽 세 개가 있어서 흙을 잔뜩 모을 수 있어요!

큐리오시티

로버 **큐리오시티**는 케민이라는
화학·광물 분석기를 싣고서
흙 속에 무엇이 있는지를 알아내요.

쌍둥이 로버 **스피릿**과 **오퍼튜니티**는 화성 반대편에 있어요.

우리는 한때 화성에 호수와 강, 짠 바다가 있었다는 걸 나타내는 암석을 발견했어요.

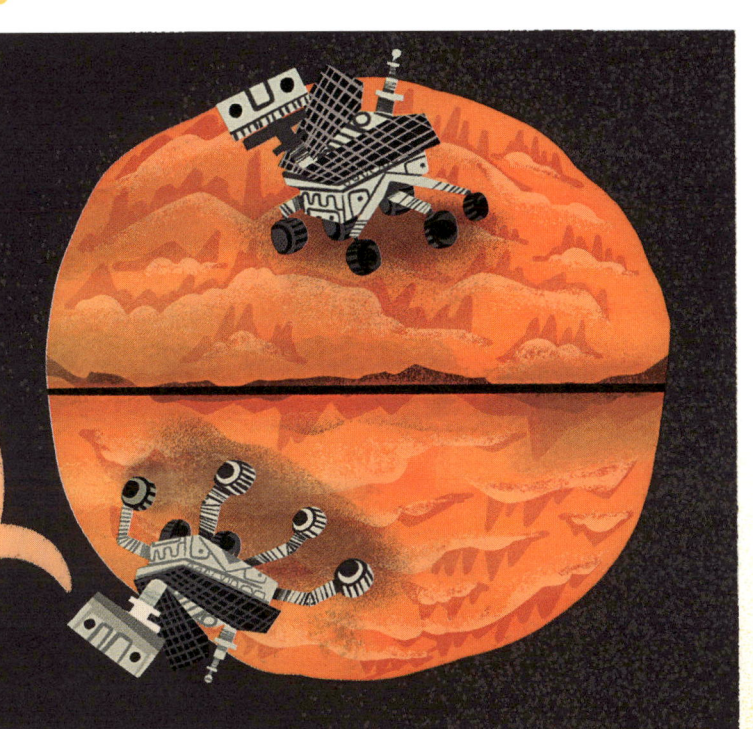

로버 **퍼시비어런스**는 한때 화성에 살았을지도 모르는 미생물처럼 작디작은 생명체의 흔적을 찾고 있어요.

나는 암석에 엄청난 레이저를 쏘기도 해요.

퍼시비어런스

퍼시비어런스는 드릴로 땅을 뚫고, 땅속에서 찾은 내용물을 작은 용기에 담아요.

언젠가 지구에서 보낸 로켓이 용기를 싣고 지구로 가져오면 과학자들이 연구할 거예요.

달에서 정원 만드는 방법

우주로 더 멀리 나아가서 오랫동안 우주에서 지내야 한다면 식량을 직접 기를 수 있어야 해요. 지구에서 잘 자라는 식물이 우주에서도 자랄 수 있을까요?

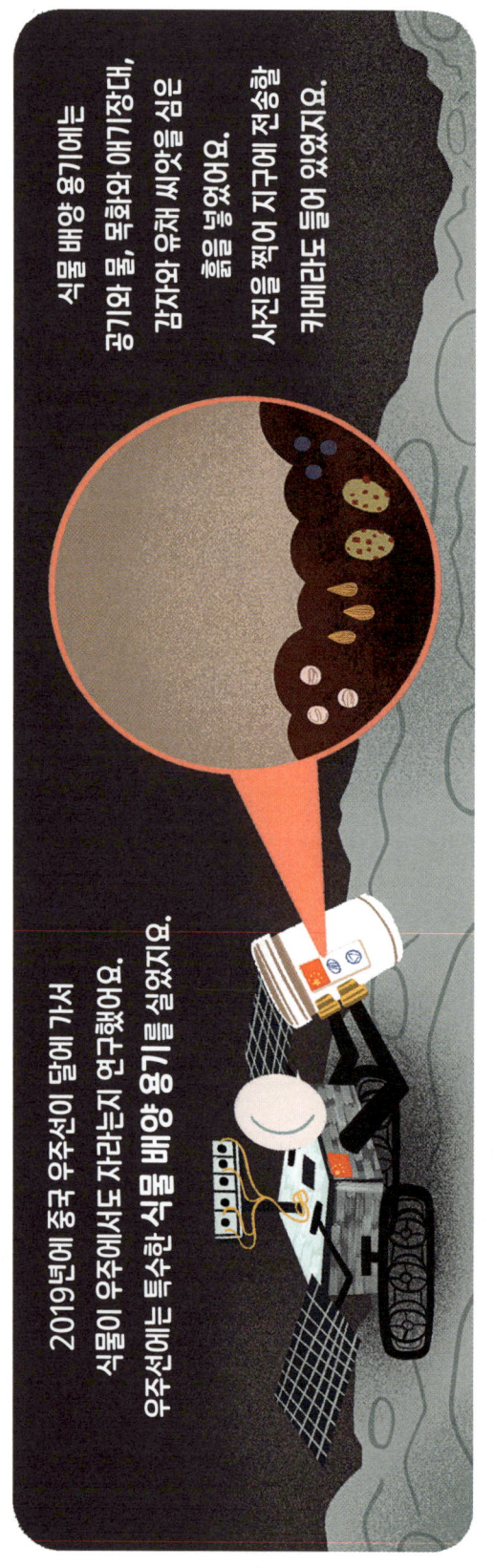

2019년에 중국 우주선이 달에 가서 식물이 우주에서도 자라는지 연구했어요. 우주선에는 특수한 식물 배양 용기를 실었지요.

식물 배양 용기에는 공기와 물, 목화와 애기장대, 감자와 유채 씨앗을 심은 흙을 넣었어요. 사진을 찍어 지구에 전송할 카메라도 들어 있었지요.

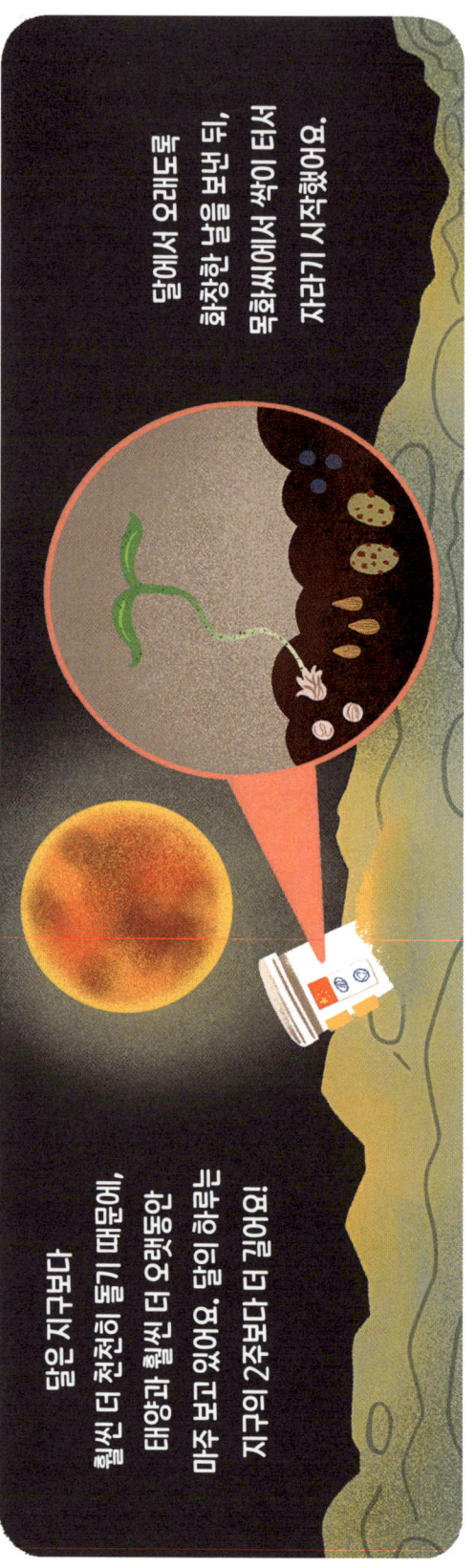

달에서 오래도록 화창한 낮을 보낸 뒤, 목화씨에서 싹이 트서 자라기 시작했어요.

달은 지구보다 훨씬 더 천천히 돌기 때문에, 태양과 훨씬 더 오랫동안 마주 보고 있어요. 달의 하루는 지구의 2주보다 더 길어요!

우주를 측정하는 방법은?

우주는 엄청나게 넓어서 지구에서 사용하는 측정 단위로 나타낼 수 없어요. 그래서 천체가 얼마나 멀리 있는지를 측정할 때는 우주에서 가장 빠른 것, 바로 **빛**으로 나타내요.

과학자들은 지구 시간으로 1년에 빛이 얼마나 이동하는지를 따져서 우주를 측정해요. 이 단위를 **광년**이라고 불러요.

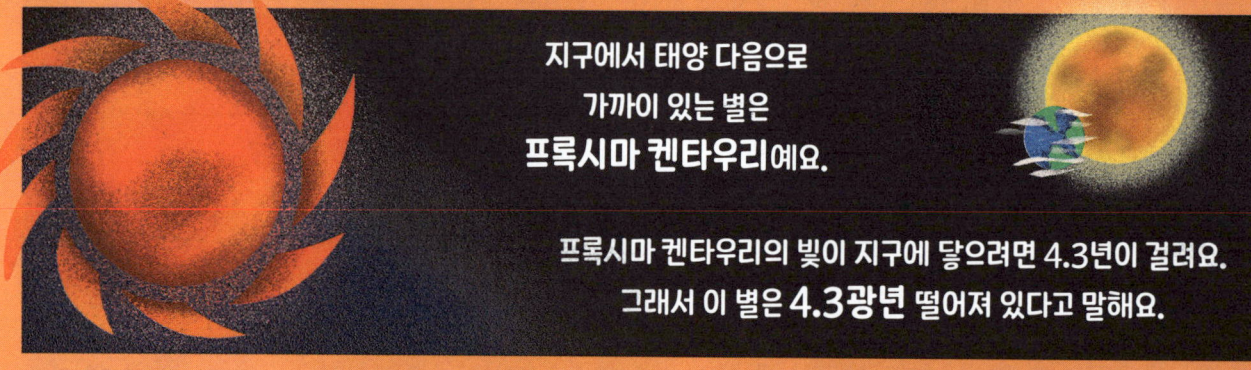

지구에서 태양 다음으로 가까이 있는 별은 **프록시마 켄타우리**예요.

프록시마 켄타우리의 빛이 지구에 닿으려면 4.3년이 걸려요. 그래서 이 별은 **4.3광년** 떨어져 있다고 말해요.

자동차를 타고 프록시마 켄타우리까지 갈 수 있을까요?

자동차로는 우주에 못 가! 게다가 거기에 가려면 **4800만 년** 넘게 걸려!

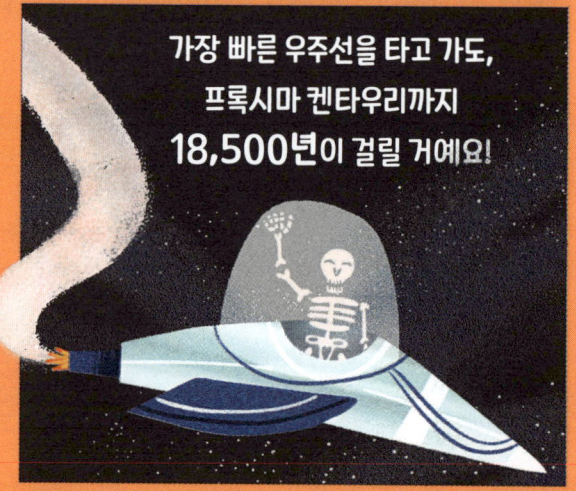

가장 빠른 우주선을 타고 가도, 프록시마 켄타우리까지 **18,500년**이 걸릴 거예요!

우주에서 통화하기

사람이 화성에 간다면, 전화할 때 문제가 생길 수 있어요.

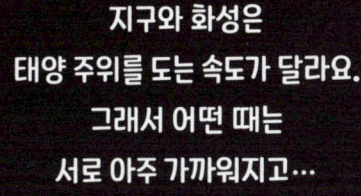

지구와 화성은
태양 주위를 도는 속도가 달라요.
그래서 어떤 때는
서로 아주 가까워지고…

…어떤 때는
서로 멀어지기도 해요.

사람은 전화나 화상 통화로
정보를 빛의 속도로
보낼 수 있어요.

빛이나 정보가 화성에서
지구로 이동하는 데
3분에서 22분 사이가 걸려요.

그래서 대화가 빠르게
오가지는 못할 거예요.

나 방금 화성에서
노을을 봤어.
진짜 멋지더라.
여보세요?

아함… 그러니까 화성에서
노을이 어땠다고요?

화성

22분 뒤, 지구

51

달을 여행한 나무

1971년, 우주 비행사 **스튜어트 루사**는 나무의 씨앗을 우주로 가져가 달 주위를 돌았어요. **씨앗**이 우주에서 어떤 변화가 생기는지 살펴보려고 했지요.

다섯 종류의 나무에서 씨앗 500개를 얻었어요.

소나무

달에 온 걸 환영해!

미국삼나무

미국풍나무

양버즘나무

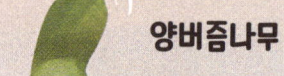
전나무

씨앗은 지구로 다시 돌아와 세계 곳곳의 땅속에 묻혔어요. 하지만 씨앗을 어디에 심었는지는 아무도 기록하지 않았어요. 여러분 가까이에 **달 나무**가 있을까요? 명판이 있는 달 나무도 몇몇 있어요!

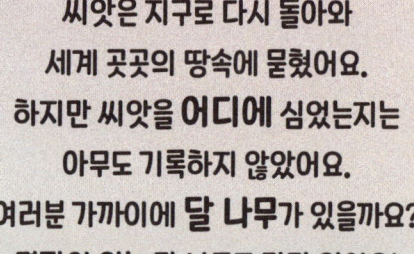

씨앗은 우주에 다녀왔지만 아무 영향을 받지 않았어요. 지구 나무나 달 나무, 모두 똑같아요.

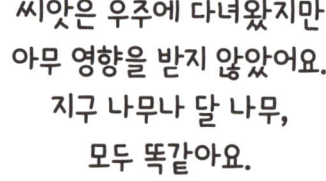

우주에서 감기에 걸리면?

감기에 걸리면 코가 막히고, 머리가 멍하고, 눈도 간질간질하고, 몸 상태가 안 좋아요. 하지만 우주에서 감기에 걸리면 더 심해요.

콧물이 아래로 흘러내리지 않고 콧속에 쭉 머물러 있으니 정말 답답해요.

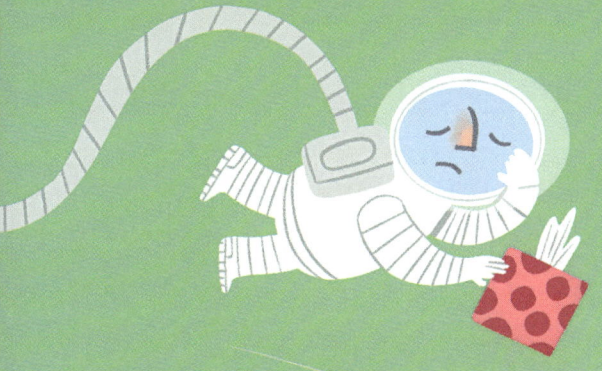

게다가 우주에서 재채기를 한다면 어떻게 될지 상상해 보세요!

1968년, 감기에 걸린 우주 비행사 한 명이 우주로 가서 같은 임무를 수행하던 모든 동료에게 감기를 옮기고 말았어요.

이제는 우주로 가기 전 2주 동안 우주 비행사는 병에 걸리지 않도록 다른 사람들과 떨어져 지내야 해요. 이것을 **검역**이라고 해요.

돛을 단 우주선

지구에서 달까지 가려면 연료가 엄청나게 많이 들어요.
그런데 우주에는 연료를 보충할 곳도 없는데,
어떻게 더 멀리 나아갈 수 있을까요?

과학자들은 돛이
답이 될 수 있다고 생각해요.
아직 돛을 단 우주선은
만들어지지 않았지만,
미래에 누군가가
만들지도 모르지요.

돛을 단 우주선은
연료가 많이 필요하지 않아요.
바람이 돛을 밀어 주면
앞으로 나아갈 테니까요!

하지만 우주에는
바람이 없잖아요?

별은 가스가 타고 있는 덩어리예요.
가스 일부는 별에서 빠져나와
우주 공간에 바람처럼 날리는데,
이것을 **항성풍**이라고 해요.

태양에서
빠져나온 가스는
태양풍이라고 해요.

미래에는 우주선에
특수한 돛이 달려서,
태양풍이 돛을 힘껏 밀어 주어
태양계 너머로 나아가게
해 줄지도 몰라요.

터지지 않는 커다란 우주 거품

어떤 거대한 별 주위에는 **거품**이 있어요.
항성풍 때문에 거품이 생겨나지요.

폭발하는 별도 거품을 만들어요.

거품을 둘러싼 얇고 튼튼한 껍질은
가스와 먼지가 함께
밀려나면서 생겼어요.
이 거품은 절대 터지지 않아요.

거품들이 서로 합쳐지면
슈퍼 버블이라는
거대한 거품이 돼요.

슈퍼 버블의 길이는
수백 광년에 달하고
가스로 가득 차 있어요.

태양계는 수백만 년 동안
로컬 버블이라는
슈퍼 버블을 지나고 있어요.

로컬 버블에는
별들이 셀 수 없이 많아요.
거품 껍질에 있는 가스와 먼지에서
아기 별들이 만들어지고 있어요.

과거를 보는 신기한 망원경

수백 년 동안, 사람들은 망원경으로 멀리 있는 것을 봤어요.

오늘날 망원경은 크고 성능이 뛰어나요.
멀리 있는 것을 더욱 잘 보려고
우주로 보낸 망원경도 있지요.

2021년 12월 25일에
제임스 웹 우주 망원경이
우주로 발사되었어요.

이 망원경에는 우주 비행사가
타고 있지 않아요.
주반사 거울 18개가 스스로
펼쳐지도록 프로그램되었지요.

이 망원경은 테니스 코트만큼 길고,
3층 건물만큼 높아요.
그리고 사람 눈에는 보이지 않는 빛인
적외선을 볼 수 있어요.

별에서 나온 빛이 진짜 진짜 먼 길을 이동할 때는 적외선이 돼요.

제임스 웹 우주 망원경이 적외선을 볼 수 있다는 건 멀리 떨어진 은하뿐 아니라 먼지 구름의 속도 들여다볼 수 있다는 뜻이에요.

적외선 없이 본 광경

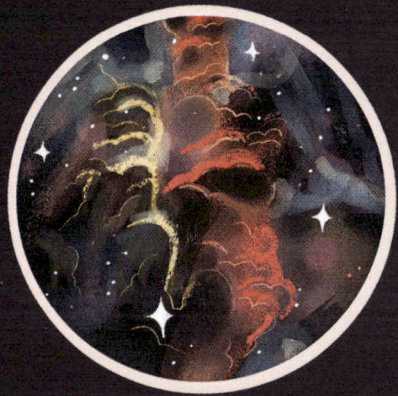

적외선을 통해 본 광경

과학자들은 지구에서 가장 멀고 오래된 은하를 발견했어요. 이 은하의 별들은 약 130억 살이에요.

제임스 웹 우주 망원경으로 이렇게 오래된 별들의 빛을 본다면, 우주가 처음 생겨나던 때만큼이나 머나먼 과거를 보는 것과 마찬가지예요.

별이 빛을 잃으면?

별은 몇백만 년 또는 수십억 년 동안 밝게 빛나요.
하지만 어떤 별이든 언젠가는 빛을 잃고 변할 거예요.
그다음에는 무슨 일이 일어날까요?

별은 종류가 다양해요.
굉장히 큰 별의 경우,
별은 더욱더 커지고 커지면서
주변에 있는 모든 것을 삼켜 버려요.
그러다 결국엔…

…내부가 붕괴되고
바깥쪽도…

…폭발해요!

이것을 **초신성**이라고 해요.

초신성 폭발 뒤에는
중성자별이 남아요.

중성자별은 속이 아주 꽉 차 있어요.
각설탕 한 개만 한 중성자별이
산만큼이나 무거울 수 있지요.

우주에 난 구멍

별이 굉장히 거대할 경우, 일생을 다한 별에게 새로운 일이 벌어져요.

초신성 폭발이 일어난 뒤,

별은 완전히 다르게 변해서 우주에 **구멍**을 만들기도 해요!

이것을 **블랙홀**이라고 해요!

으아아아, 도와줘요!

블랙홀은 우주에 있는 그 어떤 것보다도 **중력**이 강해요. 그래서 블랙홀 가까이 있는 것은 모두 블랙홀로 빨려들어 가요. **빛까지도요!**

블랙홀을 직접 보는 것은 불가능해요.
하지만 천문학자들은 반짝이는 별들이 마치 하수구로 물이 빠지듯이 블랙홀로 휘이잉 빨려드는 것을 보았지요. 그리고 2022년, 처음으로 과학자들이 우리은하에 있는 **초대질량 블랙홀**의 사진을 찍었어요.

낱말 풀이

이 책에 나온 단어의 뜻을 아래에서 찾아볼 수 있어요.

가스 바위처럼 단단하지 않고 물 같은 액체도 아닌 공기 같은 기체 물질

거대 가스 행성 가스로 이루어진 커다란 행성

거대 얼음 행성 얼어붙은 무거운 기체로 이루어진 거대한 행성

광년 1년 동안 빛이 이동하는 거리로, 우주를 측정할 때 쓰는 단위

국제 우주 정거장 우주 비행사가 오랫동안 머물며 연구할 수 있는 우주선

궤도 행성이 별 둘레를 일정하게 도는 길

로버 달 또는 행성 표면을 탐험하는 탐사 로봇

망원경 별처럼 멀리 있는 것을 자세히 볼 때 쓰는 도구

별 빛과 열을 내뿜으며 타오르는 거대한 가스 덩어리

별들의 요람 우주에서 새로운 별이 태어나는 곳

블랙홀 우주에서 중력이 너무 강해 무엇이든 빨려 들어가는 구멍

우주 비행사 우주 공간을 비행하는 사람

위성 행성 주위를 일정하게 도는 천체

유성우 혜성 꼬리에 있는 먼지가 지구를 둘러싼 가스와 부딪혀 별똥별이 비처럼 내리는 현상

은하 수십억 개의 별 집합체

외계 행성 태양계 밖에 있는 별 주위를 도는 행성

중력 질량을 가지고 있는 물체가 서로 잡아당기는 힘

천문학자 우주와 천체를 연구하는 사람

초신성 커다란 별이 죽을 때 일어나는 대폭발

태양계 태양 그리고 태양 주위를 도는 행성과 천체의 집합

태양풍 태양에서 바람처럼 불어 나오는 가스

항성계 별과 별 주위를 도는 모든 것

항성풍 다른 별에서 바람처럼 불어 나오는 가스

행성 지구처럼 궤도를 그리며 별 주위를 도는 크고 동그란 천체

혜성 태양계 주위를 도는 얼음과 먼지, 얼어붙은 가스로 이루어진 긴 꼬리가 달린 천체

찾아보기

감마선 폭발 37
거대 가스 행성 24, 62
거대 얼음 행성 25, 62
거품, 슈퍼 버블 56-57
국제 우주 정거장 17, 20-21, 22, 29, 31, 49, 62
궤도 8, 15, 16, 23, 30, 33, 43, 62
금성 4, 10, 14, 36

나사(미국 항공 우주국) 9, 28-29, 32-33
닐 암스트롱 29

달 4, 8, 28-29, 32-33, 48-49, 52, 54
달 나무 52
데니스 티토 29
돛 단 우주선 54-55

로널드 에번스 8
로버 46-47, 62
로컬 버블 57
로켓 18

망원경 7, 14, 42, 58-59, 62
메리 서머빌 15
명왕성 16
목성 4, 14, 17, 24, 36, 45
미생물 34-35

바다 행성 44
발렌티나 테레시코바 28
버즈 올드린 29
별 3, 5, 6-7, 14, 18, 26, 27, 37, 40, 42-43, 50, 54-55, 56-57, 59, 60-61, 62
별들의 요람 26, 62
부메랑 성운 37
블랙홀 61, 62
빛 7, 37, 38, 39, 42, 46, 50-51, 58-59, 60-61
빛의 속도 37, 51

사만다 크리스토포레티 29
소리 18-19
수니타 윌리엄스 29
수성 4, 14, 35, 36
식물 48-49

아로코스 11
아폴로 계획 28, 32-33
아폴로11호 33
알렉세이 레오노프 28
엔셀라두스 45
오무아무아 23
왜소행성 16
외계 행성 43, 62
요한 갈레 15

우리은하 5, 6-7, 44
우주 4, 5, 6, 8-9, 16, 18, 20-21, 22, 28, 30, 36-37, 40-41, 50, 53, 58-59, 61
우주 쓰레기 30, 31
우주 엘리베이터 17
우주로 간 동물 8-9
우주선 9, 17, 24, 28, 32-33, 34, 40-41, 48, 50, 54-55
우주 감기 53
우주의 일상 20-21, 22, 53
위르뱅 르베리에 15
위성 4, 10, 45, 62
윌리엄 허셜 15
유로파 17
유리 가가린 28
유성 13, 18
은하 5, 6-7, 56-57, 59, 62

적외선 58-59
제임스 웹 우주 망원경 58-59
존 쿠치 애덤스 15
중력 20-21, 40-41, 49, 53, 61, 62
중성자별 60

천왕성 4, 11, 15, 25, 36
초신성 60, 62

카이퍼 띠 11, 16
코로나그래프 42
클라이드 톰보 16

타이탄 10
태양 3, 4-5, 7, 12, 23, 33, 35, 36, 38-39, 48, 55
태양계 4, 12, 14, 16-17, 23, 24-25, 36, 40-41, 43, 44-45, 50, 55, 57, 62

태양풍 55, 62
토성 4, 10, 14, 45

프록시마 켄타우리 7, 50

항성계 23, 62
항성풍 55, 56, 62
해왕성 4, 10, 11, 15, 25
행성 4-5, 10, 11, 14-15, 16, 18, 24-25, 26-27, 34-35, 36, 39, 40-41, 42-43, 44, 46-47, 51, 62
행성 간 교통망 40-41

행성 보호관 35
혜성 12-13, 16, 23, 62
화성 4, 14, 35, 39, 46-47, 51
화성의 노을 39

※ 어스본 출판사는 어스본 바로가기에서 추천하는 웹사이트들을 규칙적으로 확인하고 있습니다. 하지만 추천 웹사이트 외에 다른 웹사이트의 내용에 대해서 책임지지 않습니다. 다른 추천 사이트들을 살펴보다가 바이러스에 걸릴 경우, 어스본 출판사는 피해에 대해 책임지지 않습니다.